TANJA DUSY

KÜRBIS

FOTOGRAFIE: COCO LANG, SILVIO KNEZEVIC

INHALT

Öffnen Sie die Klappen dieses Buches.
Dort finden Sie die wichtigsten Infos zum Thema auf einen Blick!

KÜRBIS:
FOOD FACTS

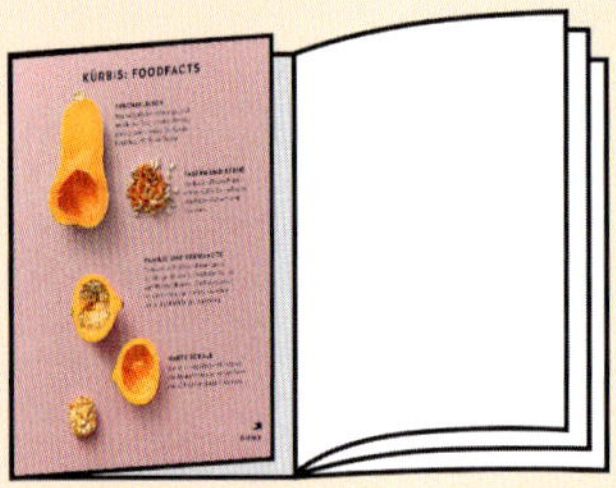

DIE PERFEKTE
KOMBI

Immer griffbereit:

SO GEHT'S:
KÜRBIS PUTZEN

Immer griffbereit:

SO GEHT'S:
KÜRBISPÜREE

GU
CLOU

Wussten Sie schon, dass ...?
Entdecken Sie bei einigen ausgewählten Rezepten ganz besondere Tipps mit verblüffendem Insiderwissen.
Aha-Momente garantiert!

Mit diesem Symbol sind alle vegetarischen Gerichte gekennzeichnet.

Die Backzeiten können je nach Herd variieren. Unsere Temperaturangaben beziehen sich auf das Backen im Elektroherd mit Ober- und Unterhitze.

Sammeln Ihrer Lieblingsrezepte mit der »GU Kochen Plus«-App (siehe S. 64)

REZEPTKAPITEL

TANJA DUSY

Bunt, abwechslungsreich und mit ganz viel Aroma – so kocht Tanja Dusy am liebsten. Und dann »nur« Kürbis? Nein, das ist kein Widerspruch! Die Profiköchin weiß: Es gibt unzählige Kürbissorten und die verschiedensten Möglichkeiten, sie zuzubereiten, zu kombinieren und zu würzen – ob als Hauptgericht, Beilage, Dessert oder Gebäck.

Mein Lieblingskürbis?
Der Hokkaido schmeckt natürlich super und ist praktischerweise in jedem Supermarkt erhältlich. Das gilt zunehmend auch für den Butternuss- und den Muskat-Kürbis. Trotzdem: Wenn der Kürbis im Herbst Hochsaison hat, reizen mich die vielen verrückten Sorten, die ich auf Bauermärkten oder im Bioladen finde.

Welche Zubereitungsart ich besonders mag?
Das Tolle am Kürbis ist seine Vielseitigkeit: Er lässt sich nicht nur herzhaft, sondern auch süß zubereiten, man kann ihn roh genießen oder zu einer herrlich cremigen Suppe verkochen. In gebackener Form mag ich ihn im Kuchen, auf Pizza oder Flammkuchen. Weil es so schnell geht, mache ich auch gern ein Curry, Ragout oder ein Schmorgemüse daraus.

Aber mein absoluter Favorit ist »Kürbis pur« aus dem Ofen (siehe Rezept rechts). Ich liebe die Röstaromen, die beim Backen entstehen! Auch ein einfaches, ofengegartes Kürbispüree schmeckt herrlich und ist für Kürbisfreunde eine gute Möglichkeit, das Gemüse als eingefrorenen Vorrat immer griffbereit zu haben (siehe Klappe hinten). Ich mache besonders gern Süßes und Gebäck daraus.

Meine Lieblingswürze?
Kürbisse besitzen einen milden Geschmack. Deswegen vertragen sie auch reichlich Würze – wobei ich darauf achte, ihr Eigenaroma nicht völlig zu überdecken. Ich mag am liebsten Gewürznoten aus fernen Ländern: Asiatische Schärfe, orientalische Gewürzmischungen oder mediterrane Kräuterfrische passen wunderbar zu fast jeder Kürbissorte.

KÜRBIS GANZ EINFACH UND AROMATISCH

2 Knoblauchzehen schälen und in Stifte schneiden.

Von 1 Zweig Rosmarin die Nadeln abzupfen.

1 Butternuss-Kürbis (ca. 1,5 kg) halbieren und die Kerne entfernen. Das Fruchtfleisch rautenförmig einschneiden.

Das Fruchtfleisch mit 2 EL Olivenöl bepinseln und mit Knoblauch und Rosmarin spicken.

Mit Salz und Pfeffer würzen.

Backofen auf 200 °C vorheizen. Die Kürbishälften mit den Schnittflächen nach oben im vorgeheizten Ofen (Mitte) 60–90 Min. garen. Das Fruchtfleisch direkt aus der Schale löffeln.

SNACKS & KLEINIGKEITEN

Für 4 Personen • 15 Min. Zubereitung • 1 Std. Garen • Pro Portion ca. 275 kcal, 5 g E, 17 g F, 27 g KH

KÜRBIS-HUMMUS

ORIENTALISCH

1 Hokkaido-Kürbis (ca. 800 g)
3 EL Olivenöl
1 Knoblauchzehe
¾ TL gemahlener Kreuzkümmel
⅓ TL gemahlene Kurkuma
5 EL Zitronensaft
3 EL Tahin (Sesampaste)
Salz, Pfeffer
⅓ Bund Petersilie
Chiliflocken (nach Belieben)

DAZU PASST

Der Hummus schmeckt als Aufstrich zu frischem Weißbrot, warmem Fladenbrot oder als Dip zu rohen Gemüsesticks, z. B. aus Paprika, Möhren, Fenchel und Staudensellerie.

1 Den Backofen auf 180° vorheizen und ein Backblech mit Backpapier auslegen. Den Kürbis waschen, längs vierteln und von Kernen und Fasern befreien. Die Kürbisviertel mit den Schnittflächen nach oben auf das Blech legen und diese mit knapp 1 TL Öl bepinseln. Im heißen Ofen (Mitte) ca. 1 Std. garen, dann herausnehmen und abkühlen lassen.

2 Das Kürbisfruchtfleisch mit einem Esslöffel aus der Schale kratzen und in eine Schüssel geben. Den Knoblauch schälen, grob hacken und mit Kreuzkümmel, Kurkuma, 4 EL Zitronensaft, Tahin und dem übrigen Öl (2 ½ EL) zum Kürbis geben. Alles mit einem Pürierstab fein pürieren. Ist die Creme zu trocken, noch etwas Wasser untermixen. Mit Salz, Pfeffer und dem übrigen Zitronensaft (1 EL) abschmecken. Petersilie waschen und trocken schütteln, Blättchen abzupfen, grob hacken und nach Geschmack mit Chiliflocken über die Creme streuen.

Für 4 Personen • 30 Min. Zubereitung • Pro Portion ca. 300 kcal, 9 g E, 13 g F, 37 g KH

KÜRBIS-CROSTINI MIT RUCOLA

EINFACH

350 g Hokkaido-Kürbis
1 Knoblauchzehe
1 Zweig Rosmarin
6 getrocknete Tomaten (in Öl)
1 Bund Rucola
4 EL Olivenöl
1 TL Aceto balsamico bianco
Salz, Pfeffer
Chiliflocken
8 dünne Scheiben Baguette (ersatzweise Ciabatta)
30 g Parmesan

1 Kürbis schälen, putzen und ca. 0,5 cm groß würfeln. Knoblauch schälen, fein würfeln. Rosmarin waschen, trocken schütteln, Nadeln abzupfen, fein hacken. Tomaten klein würfeln. Rucola waschen, trocken schütteln, harte Stängel entfernen, Blätter grob zerschneiden.

2 In einer beschichteten Pfanne 2 ½ EL Öl erhitzen, Kürbis und die Hälfte des Knoblauchs darin unter gelegentlichem Rühren 3–4 Min. anbraten. Rosmarin, Essig, 2 EL Wasser, Salz, Pfeffer und Chiliflocken zugeben und ca. 1 Min. weiterbraten. Vom Herd nehmen, Tomaten unterrühren und leicht abkühlen lassen.

3 Inzwischen Backofen auf 220° vorheizen. Brotscheiben auf ein mit Backpapier ausgelegtes Blech legen. Übriges Öl (1 ½ EL) mit übrigem Knoblauch verrühren, Brote damit bestreichen. Im heißen Ofen (oben) ca. 5 Min. rösten. Rucola unter die Kürbismischung mengen und auf die warmen Brotscheiben häufen. Parmesan darüberhobeln.

Für 4 Personen • 30 Min. Zubereitung • 1 Std. 15 Min. Garen • Pro Portion ca. 230 kcal, 4 g E, 15 g F, 19 g KH

INGWERSCHARFES KÜRBISMUS

AUS AFGHANISTAN

800 g Muskat-Kürbis
1 Zwiebel
2 Knoblauchzehen
1 Stück Ingwer (ca. 5 cm lang)
4 EL Olivenöl
2 EL Tomatenmark
1 EL Zucker
¾ TL gemahlener Koriander
½ TL gemahlene Kurkuma
Salz, Pfeffer
200 g griechischer Joghurt (10 % Fett)

1 Kürbis schälen, vierteln, entkernen und das Fruchtfleisch auf der Rohkostreibe grob raspeln. Zwiebel, Knoblauch und Ingwer schälen. 1 Knoblauchzehe, Zwiebel und Ingwer getrennt voneinander fein würfeln. Öl in einer beschichteten Pfanne erhitzen, Zwiebel und gewürfelten Knoblauch darin andünsten. Ingwer und Tomatenmark untermischen und ca. 1 Min. unter Rühren anrösten.

2 Die Kürbisraspel, Zucker, Koriander und Kurkuma zugeben und unter Rühren 1–2 Min. mitbraten. Salzen, pfeffern, 5–6 EL Wasser unterrühren und alles zugedeckt bei kleiner Hitze 1 Std.–1 Std. 15 Min. garen. Dabei gelegentlich umrühren und 1–2 EL Wasser zugeben, sodass nichts anbrennt, die Flüssigkeit am Schluss verkocht ist und der Kürbis breiig weich ist. Übrigen Knoblauch durchpressen, mit dem Joghurt verrühren, salzen und pfeffern. Kürbismus lauwarm abkühlen lassen, Joghurt mittig daraufgeben. Dazu passt Fladenbrot.

Für 4 Personen • 35 Min. Zubereitung • 30 Min. Ruhen • Pro Portion ca. 350 kcal, 4 g E, 22 g F, 35 g KH

KÜRBIS-PASTINAKEN-SALAT

VITAMINREICH

1 Bio-Zitrone
450 g Butternuss-Kürbis
400 g Pastinaken
Salz
1 großer Apfel (z. B. Boskop)
200 g Feldsalat
3 EL getrocknete Cranberrys
120 g Joghurt (3,5 % Fett)
5 EL Mayonnaise
1 TL Ahornsirup
Pfeffer

1 Zitrone heiß waschen, trocken tupfen, Schale fein abreiben und Saft auspressen. Kürbis und Pastinaken schälen, putzen und beides mit einem Sparschäler oder Spiralschneider in dünne Streifen schneiden oder auf der Rohkostreibe in feine Stifte (Julienne) hobeln. Streifen oder Stifte mit etwas Salz und 1 EL Zitronensaft mit den Händen 1–3 Min. leicht durchkneten, bis sie weicher werden.

2 Apfel waschen, vierteln, Kerngehäuse entfernen und die Viertel in feine Spalten schneiden, gleich mit 1 TL Zitronensaft mischen. Feldsalat putzen, waschen und trocken schleudern. Cranberrys nach Belieben grob hacken. Joghurt mit der Mayonnaise, Ahornsirup, ½ TL Zitronenschale und 1 ½ EL Zitronensaft glatt rühren, kräftig salzen und pfeffern. Mit Kürbis, Pastinaken und Apfel vermischen, möglichst 30 Min. durchziehen lassen. Vor dem Servieren den Feldsalat unterheben und mit Cranberrys bestreuen.

Für 4 Personen • 50 Min. Zubereitung • Pro Portion ca. 430 kcal, 9 g E, 27 g F, 39 g KH

GRÜNKOHLSALAT MIT KÜRBIS

WINTER-REZEPT

400 g Grünkohlblätter (möglichst zart)
1 Zitrone
Salz
1 kleiner Hokkaido-Kürbis (ca. 700 g)
1 Knoblauchzehe
3 EL Olivenöl
¼ TL Chiliflocken
Pfeffer
1 Granatapfel
1 Orange
3 EL Tahin (Sesampaste)
50 g Pekannusskerne

1 Backofen auf 180° vorheizen, ein Blech mit Backpapier auslegen. Grünkohl waschen, putzen, Blätter in mundgerechten Stücken von den Stängeln zupfen. Zitrone auspressen. Grünkohlblätter mit Salz und 2 EL Zitronensaft weicher kneten, ca. 30 Min. ziehen lassen.

2 Inzwischen Kürbis waschen, vierteln, entkernen und in ca. 0,5 cm dünne Spalten schneiden. Knoblauch schälen, durchpressen, mit dem Öl, der Hälfte Chiliflocken und Kürbis mischen. Auf dem Blech verteilen, salzen, pfeffern. Im heißen Ofen (Mitte) 25–30 Min. garen.

3 Inzwischen Granatapfel halbieren, Kerne herauslösen. Orange auspressen, den Saft mit dem übrigem Zitronensaft, Tahin und 5–6 EL Wasser verrühren. Mit Salz, Pfeffer und übrigen Chiliflocken würzen, mit dem Grünkohl mischen. Pekannüsse nach Belieben grob hacken. Den Salat auf Teller verteilen, Kürbisspalten daraufgeben, mit Granatapfelkernen und Pekannüssen bestreuen.

GU
CLOU

Sie mögen am liebsten schön knusprige Fritten? Dafür ist es entscheidend, die Kürbis-Fritten erst nach dem Backen zu salzen. Das vorherige Wässern und die Speisestärke sorgen für den maximalen Knusper-Kick!

Für 4 Personen • 30 Min. Zubereitung • 1 Std. Wässern • 30 Min. Garen • Pro Portion ca. 580 kcal, 4 g E, 56 g F, 20 g KH

KÜRBIS-FRITTEN MIT CHILI-MAYO

GÜNSTIG

FÜR DIE FRITTEN

1 Butternuss-Kürbis (ca. 1 kg)
3 TL Speisestärke
½ TL edelsüßes Paprikapulver
1 EL Olivenöl
Salz

FÜR DIE CHILI-MAYO

2 ganz frische zimmerwarme Eigelb (M)
1 TL Dijon-Senf
2 TL Weißweinessig
Salz, Pfeffer
200 ml Sonnenblumenöl (ersatzweise Olivenöl)
4 EL frisch gepresster Orangensaft
Chilisauce (z. B. Sriracha)

KÜRBIS-FRITTEN: Den Kürbis schälen und putzen. Das Fruchtfleisch in ca. 0,5 cm dicke und ca. 10 cm lange Pommes-Stäbchen schneiden. Diese in einer Schüssel mit kaltem Wasser bedecken und ca. 1 Std. darin ziehen lassen.

Den Backofen auf 225° vorheizen, ein Blech mit Backpapier auslegen. Die Kürbis-Stäbchen abgießen, gründlich mit einem sauberen Geschirrtuch trocken tupfen und in einen großen Gefrierbeutel geben. Speisestärke und Paprikapulver zugeben, den Beutel verschließen. Alles darin wenden, bis der Kürbis gleichmäßig mit Stärke überzogen ist. Olivenöl dazugießen und alles nochmals gut durchmischen.

Die Kürbis-Stäbchen mit jeweils mindestens einer Stäbchenbreite Abstand auf das Blech legen. Im heißen Ofen (Mitte) 10–15 Min. backen, dann wenden und in weiteren 10–15 Min. knusprig und leicht braun backen. Herausnehmen und erst direkt vor dem Servieren salzen.

CHILI-MAYO: Inzwischen zuerst die Eigelbe, dann Senf, Essig, Salz, Pfeffer und zuletzt das Öl in ein schmales, hohes Mixgefäß geben. Einen Pürierstab auf den Boden des Mixgefäßes stellen. Beim Mixen den Stab langsam von unten nach oben führen und wieder zurück, bis eine cremige Mayonnaise entsteht. Orangensaft und 3 Spritzer Chilisauce unterrühren. Die Chili-Mayo zu den Kürbis-Fritten servieren.

Für 4 Personen • 25 Min. Zubereitung • 30 Min. Garen • Pro Portion ca. 305 kcal, 6 g E, 12 g F, 45 g KH

CREMESUPPE MIT ORANGE

FRUCHTIG

800 g Hokkaido-Kürbis
300 g mehligkochende Kartoffeln
2 Bio-Saftorangen
1 Knoblauchzehe
30 g Ingwer (ca. 10 cm lang)
1 EL Butter
800 ml Gemüsebrühe
1 ½ TL Currypulver
½ TL Zimtpulver
100 g Sahne
Salz, Pfeffer

1 Kürbis waschen und putzen. Fruchtfleisch mit Schale ca. 2 cm groß würfeln. Kartoffeln schälen, waschen und ca. 1 cm groß würfeln. 1 Orange heiß waschen, trocken tupfen und die Schale fein abreiben. Beide Orangen auspressen und 200 ml Saft abmessen. Knoblauch und Ingwer schälen und getrennt voneinander fein hacken.

2 Butter in einem Suppentopf erhitzen, Knoblauch darin andünsten. Die Kürbiswürfel zugeben und bei mittlerer bis großer Hitze unter gelegentlichem Rühren braten, bis sie leicht bräunen, dann mit Gemüsebrühe ablöschen. 150 ml Orangensaft, ½ TL Orangenabrieb, Kartoffeln, Ingwer, Curry- und Zimtpulver zugeben und alles zugedeckt 20–25 Min. bei mittlerer Hitze köcheln.

3 Sahne dazugießen, salzen, pfeffern und weitere 5 Min. köcheln. Fein pürieren und mit dem übrigen Orangensaft (50 ml) abschmecken. Die Suppe nach Wunsch mit etwas Orangenabrieb garnieren.

Für 4 Personen • 30 Min. Zubereitung • 30 Min. Garen • Pro Portion ca. 270 kcal, 4 g E, 15 g F, 27 g KH

KÜRBISSUPPE MIT APFEL

LEICHT GEMACHT

1 kg Muskat-Kürbis
1 große Stange Lauch
2 Schalotten
2 säuerliche feste Äpfel (z. B. Boskop)
2 EL Butter
2 EL brauner Zucker
800 ml Gemüsebrühe
Salz, Pfeffer
½ TL Currypulver
3 EL Zitronensaft
100 g Sahne

1 Kürbis schälen, vierteln, von Kernen und Fasern befreien und das Fruchtfleisch 1–2 cm groß würfeln. Lauch putzen, längs halbieren, waschen und die Hälften in feine Streifen schneiden. Schalotten schälen und klein würfeln. Äpfel waschen, vierteln, Kerngehäuse entfernen und die Viertel in dünne Spalten schneiden.

2 Butter in einem Suppentopf schmelzen, Lauch und Schalotten bei mittlerer Hitze darin andünsten. Zucker darüberstreuen und das Gemüse bei mittlerer Hitze karamellisieren lassen. Unter Rühren weiterdünsten, bis der Lauch leicht bräunt. Kürbis und Äpfel zugeben, ca. 2 Min. mitdünsten, dann mit der Brühe aufgießen. Mit Salz, Pfeffer, Currypulver und 2 EL Zitronensaft würzen. Zugedeckt 25–30 Min. bei mittlerer Hitze garen. Dann Sahne zugießen und mit erhitzen. Die Suppe mit einem Pürierstab fein pürieren und nochmals mit Salz, Pfeffer und dem übrigen Zitronensaft (1 EL) abschmecken.

Für 5 Schraubgläser (à ca. 250 ml) • 30 Min. Zubereitung • 30 Min. Garen • Pro Glas ca. 685 kcal, 2 g E, 1 g F, 166 g KH

KÜRBIS-KONFITÜRE MIT APFEL

ZUM FRÜHSTÜCK

900 g Riesen-Zentner • 600 g feste Äpfel (z. B. Boskop) • ½ Bio-Zitrone • 200 ml Apfelsaft • 1 Vanilleschote • 750 g Gelierzucker (2:1)

1 Kürbis schälen und putzen, 700 g abwiegen. Äpfel schälen, vierteln, Kerngehäuse entfernen. Kürbis und Äpfel fein raspeln. Zitrone heiß waschen, trocken tupfen, ein Stück Schale dünn abschneiden und Zitrone auspressen. Dann 2 EL Zitronensaft und das Stück Schale mit Kürbis-, Apfelraspeln und Apfelsaft in einem Topf mischen. Vanilleschote längs aufschneiden, das Mark herauskratzen und samt Schote zugeben. Alles zugedeckt in ca. 30 Min. weich kochen.

2 Die Vanilleschote entfernen und das Fruchtmus fein pürieren. Gelierzucker zugeben und alles 4–5 Min. unter Rühren sprudelnd kochen. Heiß in Schraubgläser abfüllen und sofort verschließen (Haltbarkeit: ca. 9 Monate).

Für 5 Schraubgläser (à ca. 250 ml) • 35 Min. Zubereitung • 12 Std. Marinieren • Pro Glas ca. 455 kcal, 2 g E, 0 g F, 109 g KH

SÜSSSAURE KÜRBIS-PICKLES

FÜR DEN VORRAT

1 kg Riesen-Zentner • 1 Stück Ingwer (ca. 2 cm lang) • 125 ml Weißweinessig • 3 Nelken • ½ Zimtstange • 1 Bio-Zitrone • 500 g Zucker

1 Kürbis schälen und putzen, 800 g abwiegen und ca. 1 cm groß würfeln. Ingwer schälen und in ca. 3 mm dicke Scheiben schneiden. Essig mit 250 ml Wasser, Nelken, Zimt und Ingwer in einem Topf aufkochen. Zitrone heiß waschen, trocken tupfen, Schale abreiben und die Zitrone auspressen. Abrieb und Saft unter den Essigsud rühren. Den heißen Sud über den Kürbis gießen und ca. 12 Std. zugedeckt ziehen lassen.

2 Kürbis abgießen. Essigsud auffangen und mit dem Zucker unter Rühren aufkochen, bis sich der Zucker aufgelöst hat. Kürbis zugeben und in 2–3 Min. glasig garen. Gewürze entfernen. Kürbis und Sud kochend heiß in Schraubgläser füllen, sofort verschließen (Haltbarkeit: ca. 12 Monate).

Für 2 Schraubgläser (à ca. 300 ml) • 20 Min. Zubereitung • 50 Min. Garen • Pro Glas ca. 255 kcal, 4 g E, 1 g F, 55 g KH

KÜRBIS-CHUTNEY

SCHARF

350 g Butternuss-Kürbis • 1 Schalotte • 1 Stück Ingwer (ca. 3 cm lang) • 5 getrocknete Soft-Aprikosen • 50 g Zucker • 4 EL Weißweinessig • 2 Orangen • ½ Zimtstange • Chiliflocken • ⅓ TL Currypulver • Salz

1 Kürbis schälen und putzen, 250 g abwiegen und grob raspeln. Schalotte und Ingwer schälen und mit den Aprikosen sehr fein würfeln.

2 Den Zucker mit Essig, Schalotte, Ingwer und Aprikosen unter Rühren in einem Topf aufkochen. Orangen auspressen und den Saft mit Kürbisraspeln, Zimtstange, Chiliflocken und Currypulver dazugeben. Alles bei kleiner Hitze 45–50 Min. zugedeckt garen. Dann Zimtstange entfernen und das Chutney mit Salz abschmecken. Heiß in Schraubgläser füllen und sofort verschließen (Haltbarkeit: ca. 4 Monate).

Für 4 Personen • 20 Min. Zubereitung • 50 Min. Backen • Pro Portion ca. 65 kcal, 1 g E, 3 g F, 10 g KH

KÜRBIS-CHIPS

KALORIENARM

300 g Hokkaido-Kürbis • ½ TL getrockneter Thymian • Chilipulver • 1 TL Limettensaft • 1 EL Bratöl • Salz

1 Den Backofen auf 100° (Umluft) vorheizen. Den Kürbis waschen, putzen und mit Schale in möglichst feine Streifen hobeln. Thymian zwischen den Fingern fein zerreiben und mit Chilipulver, Limettensaft und Öl verrühren. Das Würzöl gründlich mit dem Kürbis vermengen. Zwei Bleche mit Backpapier auslegen. Den Kürbis so darauf verteilen, dass sich die Streifen nicht überlappen und sparsam salzen.

2 Beide Backbleche gleichzeitig ca. 50 Min. in den heißen Ofen geben, währenddessen die Kürbisstreifen ein- bis zweimal mit einem Löffel wenden. Die Chips sind fertig, wenn sie sich trocken anfühlen und leicht aufrollen.

VEGETARISCHES

Für 4 Personen • 50 Min. Zubereitung • Pro Portion ca. 595 kcal, 17 g E, 28 g F, 58 g KH

KÜRBIS-GORGONZOLA-RISOTTO

AROMATISCH

450 g Turban-Kürbis (ersatzweise Butternuss-Kürbis)
1 Zwiebel
1 Knoblauchzehe
2 Zweige Thymian
1 l Gemüsebrühe
2 EL Butter
250 g Risotto-Reis (z. B. Arborio)
200 ml trockener Weißwein
40 g Walnusskerne
200 g Gorgonzola
Salz, Pfeffer

GU **CLOU**

Wie gelingt ein cremiges Risotto, das gleichzeitig noch Biss hat? Den Reis zuerst glasig andünsten: Das verhindert, dass die Körner später zusammenkleben. Damit die Reiskörner gleichmäßig garen, ist das Zugießen von heißer Brühe entscheidend – mit kalter Brühe bleiben sie hart!

1 Den Kürbis schälen, von Kernen und Fasern befreien und das Fruchtfleisch in ca. 1 cm große Würfel schneiden. Zwiebel und Knoblauch schälen und fein würfeln. Thymian waschen und trocken schütteln, die Blättchen abzupfen und fein hacken. Die Gemüsebrühe erhitzen und zugedeckt heiß halten.

2 Die Butter in einem großen Topf bei kleiner Hitze schmelzen, Zwiebel und Knoblauch darin glasig andünsten. Den Risotto-Reis zugeben und unter Rühren in ca. 30 Sek. glasig anschwitzen, dann mit dem Weißwein ablöschen. Alles offen bei mittlerer Hitze köcheln, bis der Wein fast völlig verkocht ist, dabei immer wieder umrühren.

3 Dann etwa zwei Drittel der heißen Gemüsebrühe, Kürbiswürfel und Thymian unter den Reis rühren. Alles offen bei mittlerer Hitze in ca. 20 Min. weich, aber noch leicht bissfest garen. Dabei hin und wieder, aber nicht zu häufig umrühren, sodass die Kürbiswürfel nicht zerfallen. Nach und nach bei Bedarf die restliche heiße Gemüsebrühe dazugießen. Inzwischen die Walnüsse in einer Pfanne ohne Fett rösten, bis sie duften. Dann abkühlen lassen und grob hacken.

4 Den Gorgonzola in Stücke schneiden und vorsichtig unter das fertige Risotto heben, sodass der Kürbis nicht zerfällt. Das Risotto mit Salz und Pfeffer abschmecken und auf tiefe Teller verteilen. Mit den Walnüssen bestreuen und servieren.

Für 4 Personen • 35 Min. Zubereitung • Pro Portion ca. 835 kcal, 17 g E, 30 g F, 122 g KH

KÜRBIS-PASTA MIT MARONEN

HERBST-REZEPT

600 g Sweet-Dumpling-Kürbis (ersatzweise Butternuss-Kürbis)
1 Knoblauchzehe
4 Zweige Thymian
500 g kurze Nudeln (z. B. Penne)
3 EL Olivenöl
200 g Sahne
Salz, Pfeffer
200 g vorgegarte Maronen (vakuumverpackt)
1 EL Zucker
1 EL Butter
Chiliflocken

1 Kürbis schälen und putzen, das Fruchtfleisch grob raspeln. Den Knoblauch schälen und fein hacken. Thymian waschen, trocken schütteln, die Blättchen abzupfen und grob hacken.

2 Nudeln nach Packungsanweisung in Salzwasser garen, danach abgießen. Inzwischen das Öl in einer beschichteten Pfanne erhitzen. Knoblauch darin andünsten, Kürbisraspel und die Hälfte Thymian zugeben und alles unter Rühren 2–3 Min. braten. Mit Sahne aufgießen, salzen und pfeffern. Offen bei mittlerer Hitze 3–5 Min. garen.

3 Inzwischen Maronen grob hacken. Zucker in einer kleinen Pfanne hellbraun karamellisieren, Butter darin aufschäumen. Maronen unter Rühren darin erhitzen, bis sie mit Karamell überzogen sind. Übrigen Thymian unterrühren, mit Salz, Pfeffer und Chiliflocken würzen. Die Nudeln unter die Kürbismischung mengen. Die Kürbis-Pasta kurz ziehen lassen, auf Teller verteilen und die Maronen daraufgeben.

Für 4 Personen • 35 Min. Zubereitung • Pro Portion ca. 385 kcal, 12 g E, 9 g F, 68 g KH

KÜRBIS-SPINAT-NUDELN

ASIATISCH

250 g Soba-Nudeln
Salz
600 g Butternuss-Kürbis
400 g Baby-Spinat
1 Zwiebel
1 Knoblauchzehe
1 Stück Ingwer (ca. 4 cm lang)
3 EL neutrales Bratöl (z. B. Erdnussöl)
Chiliflocken
5 EL Sojasauce
1 EL Honig
Pfeffer

1 Die Soba-Nudeln nach Packungsanweisung in leicht gesalzenem Wasser bissfest garen. In ein Sieb abgießen, mit kaltem Wasser abbrausen und abtropfen lassen.

2 Inzwischen den Kürbis schälen, putzen und das Fruchtfleisch in ca. 0,5 cm große Würfel schneiden. Spinat waschen und abtropfen lassen. Zwiebel, Knoblauch und Ingwer schälen. Die Zwiebel längs in feine Spalten schneiden, Knoblauch und Ingwer fein würfeln.

3 Öl in einer beschichteten Pfanne oder in einem Wok erhitzen, Zwiebel darin andünsten. Kürbis, Knoblauch, Ingwer und Chiliflocken zugeben, unter Rühren 2–3 Min. mitbraten. Mit Sojasauce ablöschen, 100 ml Wasser dazugießen und alles zugedeckt 5–7 Min. bei mittlerer Hitze garen. Spinat unterrühren und ca. 5 Min. offen mitgaren; dabei sollte viel Flüssigkeit verdunsten. Mit Honig, Salz, Pfeffer und Chili abschmecken. Nudeln unterrühren und heiß werden lassen.

GU **CLOU**

Für leckere Gnocchi darf der Teig nicht zu feucht sein. Der Trick ist, dass der Kürbis im Ofen gart, wo ihm Wasser entzogen wird. Ist der Teig dennoch zu klebrig: Arbeiten Sie noch etwas Mehl ein.

Für 4 Personen • 45 Min. Zubereitung • 1 Std. 20 Min. Garen • Pro Portion ca. 615 kcal, 23 g E, 20 g F, 89 g KH

KÜRBIS-GNOCCHI MIT SALBEI

ITALIENISCH

1 kleiner Hokkaido-Kürbis (ca. 800 g)
1 TL Olivenöl
450 g mehligkochende Kartoffeln
Salz
100 g Parmesan
250 g Mehl
80 g Hartweizengrieß
1 Ei (M)
1 Eigelb (M)
Pfeffer
frisch gemahlene Muskatnuss
15 Salbeiblätter
2 ½ EL Butter

AUSSERDEM
Mehl für die Arbeitsfläche

1 Backofen auf 180° vorheizen, ein Blech mit Backpapier auslegen. Kürbis waschen, längs halbieren, putzen. Mit den Schnittflächen nach oben auf das Blech legen und diese mit Öl bepinseln. Kürbis im heißen Ofen (Mitte) 50–60 Min. garen.

2 Inzwischen Kartoffeln waschen und 20–25 Min. in Salzwasser garen. Abgießen und 5–10 Min. zum Kürbis in den Ofen geben. Beides herausnehmen, Kartoffeln heiß pellen und gleich durch eine Kartoffelpresse auf eine bemehlte Arbeitsfläche geben. Kürbisfleisch aus der Schale kratzen, 600 g abwiegen und warm durch die Kartoffelpresse zu den Kartoffeln drücken.

3 Parmesan fein reiben, mit 200 g Mehl und Grieß auf die Kartoffelmasse geben. Ei und Eigelb verquirlen, dazugeben. Alles mit Salz, Pfeffer und Muskat würzen. Mit wenig Druck zusammenkneten. Bei Bedarf mehr Mehl untermengen. Teig in acht Portionen teilen und diese zu jeweils ca. 2,5 cm dicken Rollen formen. Rollen in ca. 1 cm lange Stücke schneiden. Diese auf jeweils einer Schnittfläche mit einer Gabel leicht eindrücken.

4 In einem großen Topf Salzwasser aufkochen. Hitze reduzieren, Gnocchi portionsweise in das siedende Wasser geben. Steigen sie an die Wasseroberfläche, weitere 3 Min. garen. Mit einem Schaumlöffel herausnehmen und in ein Sieb geben.

5 Salbei sauber abreiben, quer in Streifen schneiden. Butter in einer Pfanne aufschäumen, Salbei kurz darin braten. Gnocchi zugeben und leicht braun braten. Gleich servieren.

Für 4 Personen • 20 Min. Zubereitung • 35 Min. Garen • Pro Portion ca. 270 kcal, 9 g E, 10 g F, 40 g KH

KÜRBIS-KICHERERBSEN-CURRY

INDISCH

900 g Hubbard-Kürbis (ersatzweise grüner Hokkaido-Kürbis)
1 Stange Staudensellerie
1 dicke Möhre
1 Knoblauchzehe
20 g Ingwer (ca. 5 cm lang)
1 Dose Kichererbsen (400 g)
2 EL Butterschmalz
1 ½ TL Currypulver
1 Dose stückige Tomaten (400 g)
Salz
Zucker
½ TL Garam Masala
Pfeffer

DAZU PASST
Das Curry schmeckt am besten mit Reis oder Couscous. Als kleines »Sahnehäubchen« portionsweise einen Klecks leicht gesalzenen Joghurt daraufgeben und das Curry nach Geschmack mit klein gehacktem Koriandergrün bestreuen.

1 Kürbis schälen, putzen und das Fruchtfleisch (ca. 600 g) in ca. 2 cm große Würfel schneiden. Den Staudensellerie waschen und putzen, die Selleriestange längs halbieren und in kleine Stücke schneiden. Die Möhre schälen, längs sechsteln und ebenfalls in kleine Stücke (etwa so groß wie den Sellerie) schneiden. Knoblauch und Ingwer schälen und getrennt voneinander fein hacken. Die Kichererbsen in ein Sieb abgießen und abtropfen lassen, dabei das Einweichwasser auffangen.

2 Das Butterschmalz in einem Topf erhitzen. Sellerie, Möhre und Knoblauch darin bei mittlerer Hitze 3–4 Min. unter gelegentlichem Rühren andünsten. Kürbis und Ingwer zugeben, Currypulver darüberstäuben und alles unter Rühren ca. 2 Min. weiterdünsten. Tomaten und 100 ml Kichererbsenwasser zugeben, mit Salz und ½ TL Zucker würzen und alles bei mittlerer Hitze 20–25 Min. zugedeckt köcheln. Dabei gelegentlich durchrühren und bei Bedarf etwas Kichererbsenwasser nachgießen, sodass das Curry dickflüssig und sämig einkocht.

3 Die Kichererbsen und Garam Masala unterrühren und das Curry weitere 5–10 Min. zugedeckt garen, bis der Kürbis weich ist, aber nicht zerfällt. Das Curry mit Salz, Pfeffer, Zucker, Curry und Garam Masala abschmecken.

Für 4 Personen • 30 Min. Zubereitung • 40 Min. Garen • Pro Portion ca. 620 kcal, 19 g E, 45 g F, 39 g KH

KÜRBIS-ROSENKOHL-GRATIN

WINTER-REZEPT

800 g Sweet-Dumpling-Kürbis (ersatzweise Hokkaido-Kürbis)
750 g Rosenkohl
2 rote Zwiebeln
6 Zweige Thymian
8 EL Olivenöl
3 EL Aceto balsamico
2 TL Zucker
Salz, Pfeffer
3 EL Haselnusskerne
60 g Parmesan
4 EL Semmelbrösel

1 Backofen auf 220° vorheizen. Kürbis schälen, von Kernen und Fasern befreien. Das Fruchtfleisch in ca. 1,5 × 3 cm große Stücke schneiden. Den Rosenkohl waschen, von Stielansätzen und welken Blättern befreien und längs halbieren. Zwiebeln schälen, längs halbieren und in ca. 1 cm dicke Spalten schneiden. Thymian waschen, trocken schütteln, Blättchen abzupfen und klein hacken. Alles in einem tiefen Blech (Fettpfanne) mit 4 EL Olivenöl, Essig und Zucker gründlich durchmischen, salzen und pfeffern. Im heißen Ofen (Mitte) 25–30 Min. garen, bis das Gemüse leicht gebräunt ist.

2 Inzwischen die Haselnüsse grob hacken, den Parmesan fein reiben und beides mit den Semmelbröseln und dem übrigem Öl (4 EL) gründlich vermischen, dazu nach Belieben kurz in einem Blitzhacker verarbeiten. Die Mischung über das Gemüse streuen und alles weitere 5–7 Min. im Backofen garen, bis das Gratin schön gebräunt ist. Mit Baguette oder Ciabatta servieren.

Für 4 Personen • 25 Min. Zubereitung • 40 Min. Garen • Pro Portion ca. 450 kcal, 15 g E, 23 g F, 53 g KH

KÜRBIS MIT SCHAFSKÄSECREME

AROMATISCH

1 großer Hokkaido-Kürbis (ca. 1,5 kg)
3 rote Zwiebeln
3 EL Olivenöl
Salz, Pfeffer
150 g Schafskäse (Feta)
1 Bund Petersilie
1 Knoblauchzehe
200 g Joghurt (3,5 % Fett)
¾ TL gemahlener Kreuzkümmel
Zitronensaft
2 EL (schwarze) Sesamsamen

1 Backofen auf 220° vorheizen, ein Blech mit Backpapier auslegen. Kürbis waschen, putzen, längs in ca. 5 cm dicke Spalten schneiden. Diese nach Wunsch jeweils quer halbieren. Zwiebeln schälen, längs in ca. 3 mm schmale Spalten schneiden. Beides auf dem Blech gut mit Olivenöl mischen. Alles auf dem Blech verteilen, salzen und pfeffern. Im heißen Ofen (Mitte) 30–40 Min garen, bis der Kürbis weich und leicht gebräunt ist, dabei einmal durchmischen.

2 Inzwischen Schafskäse in einem Schälchen mit einer Gabel zerdrücken. Petersilie waschen, trocken schütteln, Blättchen abzupfen und grob hacken. Knoblauch schälen und durchpressen. Mit der Hälfte der Petersilie und dem Joghurt unter den Schafskäse mischen. Mit Kreuzkümmel, Salz, Pfeffer und 2 Spritzern Zitronensaft würzen. Sesam in einer Pfanne ohne Fett rösten, bis er duftet. Kürbis aus dem Ofen nehmen, mit der Schafkäsecreme beträufeln. Mit dem Sesam und der übrigen Petersilie bestreuen.

Für 6 Personen • 40 Min. Zubereitung • 1 Std. 5 Min. Garen • Pro Portion ca. 505 kcal, 19 g E, 23 g F, 58 g KH

KÜRBIS-LASAGNE

FÜR GÄSTE

FÜR DIE BÉCHAMELSAUCE

1 Knoblauchzehe
25 g Butter
3 EL Mehl
450 ml Milch
150 ml Gemüsebrühe
Salz, Pfeffer
200 g Ziegenfrischkäse

FÜR DIE LASAGNE

1,5 kg Hokkaido-Kürbis
3 Zweige Rosmarin
1 Knoblauchzehe
25 g Butter
Salz, Pfeffer
80 ml Gemüsebrühe
9 Lasagneplatten
100 g Parmesan

BÉCHAMELSAUCE: Den Knoblauch schälen und halbieren. Die Butter in einem Topf schmelzen, Mehl unter Rühren darin anschwitzen. Mit 150 ml Milch ablöschen. Unter Rühren aufkochen, dabei nach und nach übrige Milch und Brühe zugießen. Knoblauch zugeben, salzen, pfeffern und bei kleiner Hitze ca. 30 Min. offen köcheln. Dann vom Herd nehmen und den Ziegenkäse unter Rühren darin schmelzen. Knoblauch entfernen und die Sauce etwas abkühlen lassen.

LASAGNE: Inzwischen den Kürbis schälen, von Kernen und Fasern befreien, ca. 900 g Fruchtfleisch abwiegen und grob raspeln. Rosmarin waschen, trocken schütteln, Nadeln abzupfen und klein hacken. Knoblauch schälen und fein würfeln. Butter in einer beschichteten Pfanne schmelzen. Kürbis und Knoblauch darin unter Rühren bei mittlerer Hitze 2–3 Min. braten. Salzen, pfeffern, den Rosmarin unterrühren, die Gemüsebrühe zugießen und alles 3–4 Min. köcheln.

FERTIGSTELLEN: Backofen auf 200° vorheizen. So viel Béchamelsauce in eine ofenfeste Form (ca. 20 × 30 cm) geben, dass der Boden dünn bedeckt ist. 3 Lasagneplatten darauflegen, ca. ein Drittel der Sauce darübergießen und die Hälfte Kürbis darauf verteilen. 3 weitere Lasagneplatten auflegen, darauf zuerst ein Drittel Sauce, dann den übrigen Kürbis geben. Übrige Lasagneplatten auflegen und die restliche Sauce darauf verteilen. Parmesan fein reiben und darüberstreuen. Die Lasagne im heißen Ofen (Mitte) 30–35 Min backen, bis sie schön gebräunt ist. Vor dem Essen ca. 5 Min. abkühlen lassen.

FLEISCH & MEERESFRÜCHTE

Für 4 Personen • 55 Min. Zubereitung • Pro Portion ca. 445 kcal, 23 g E, 33 g F, 12 g KH

GESCHNETZELTES MIT KÜRBIS UND PILZEN

GELINGT LEICHT

500 g Butternuss-Kürbis (ersatzweise Hokkaido-Kürbis)
4 Schalotten
250 g braune Champignons
350 g Kalbsschnitzel
Salz, Pfeffer
1 TL Mehl
4 EL Butterschmalz
125 ml trockener Weißwein (ersatzweise Rinderbrühe)
200 g Sahne
⅓ Bund Petersilie
Zitronensaft

1 Kürbis schälen und putzen, Fruchtfleisch in ca. 0,5 cm × 3 cm große Stücke schneiden. Schalotten schälen und fein würfeln. Champignons putzen und in dicke Scheiben schneiden.

2 Fleisch trocken tupfen und klein schnetzeln, salzen und pfeffern. Mit Mehl bestäuben und überschüssiges Mehl abschütteln, sodass das Fleisch nur leicht davon überzogen ist. In einer großen, beschichteten Pfanne 2 EL Butterschmalz erhitzen. Das Fleisch darin bei großer Hitze rundum anbraten, bis es leicht bräunt. Pfanne vom Herd nehmen und das Fleisch samt Bratensaft in einen tiefen Teller geben.

3 Übriges Butterschmalz (2 EL) in die Pfanne geben. Die Schalotten bei kleiner Hitze goldgelb darin andünsten. Pilze und Kürbis zugeben und unter Rühren ca. 2 Min. bei großer Hitze anbraten. Mit Wein aufgießen und alles bei mittlerer Hitze ca. 2 Min. offen einkochen lassen. Sahne zugießen, salzen und pfeffern. Alles zugedeckt bei mittlerer Hitze 15–18 Min. köcheln, bis der Kürbis weich ist, dabei zuletzt ca. 5 Min. offen garen, damit die Sauce sämig einkocht.

4 Inzwischen Petersilie waschen, trocken schütteln, Blättchen abzupfen und fein hacken. Das Fleisch samt Bratensaft unter das Kürbis-Pilz-Gemüse rühren und 3–4 Min. darin ziehen lassen. Sauce mit 2 Spritzern Zitronensaft, Salz und Pfeffer abschmecken und alles mit Petersilie bestreuen. Dazu passen Spätzle, Bandnudeln oder Reis.

Für 4 Personen • 15 Min. Zubereitung • 50 Min. Garen • Pro Portion ca. 335 kcal, 17 g E, 22 g F, 16 g KH

KÜRBIS-SPAGHETTI MIT SPECK

SCHNELL GEMACHT

1 Spaghetti-Kürbis (ca. 1,8 kg)
2 EL Olivenöl
Salz, Pfeffer
100 g durchwachsener Räucherspeck
1 Knoblauchzehe
15 Blätter Salbei
1 EL Butter
100 g Parmesan

1 Backofen auf 200° vorheizen, ein Blech mit Backpapier auslegen. Kürbis längs halbieren, entkernen. Mit den Schnittflächen nach oben auf das Blech legen und das Fruchtfleisch mit 1 EL Olivenöl bepinseln. Im heißen Ofen (Mitte) 40–50 Min. garen. Das weiche, faserige Fruchtfleisch mit einem Löffel von der Schale lösen, mit einer Gabel auflockern, salzen und pfeffern.

2 Inzwischen den Speck klein würfeln, Knoblauch schälen und fein hacken. Salbeiblätter sauber abreiben und quer in breitere Streifen schneiden. Eine kleine Pfanne mit dem übrigen Olivenöl (1 EL) erhitzen, Speck darin braun braten. Butter zugeben, aufschäumen lassen, Knoblauch und Salbei zugeben und 1–2 Min. mitbraten.

3 Inzwischen Parmesan fein reiben. Die Speck-Mischung auf die Kürbis-Spaghetti geben, alles behutsam vermengen. Mit Salz und Pfeffer abschmecken, mit Parmesan bestreuen und gleich servieren.

Für 4 Personen • 25 Min. Zubereitung • 45 Min. Garen • Pro Portion ca. 480 kcal, 24 g E, 35 g F, 16 g KH

GEFÜLLTER TEX-MEX-KÜRBIS

EINFACH

1 Spaghetti-Kürbis (ca. 1,5 kg)
3 EL Olivenöl
Salz, Pfeffer
1 große Zwiebel
1 Knoblauchzehe
350 g mageres Rinderhackfleisch
2 EL Tomatenmark
1 ½ TL Chili-con-carne-Gewürzmischung
8 Stängel Koriandergrün
2 Frühlingszwiebeln
150 g saure Sahne

1 Backofen auf 200° vorheizen, ein Blech mit Backpapier auslegen. Kürbis waschen, längs halbieren, entkernen. Mit den Schnittflächen nach oben auf das Blech legen und das Fruchtfleisch mit 1 EL Öl bepinseln. Im heißen Ofen (Mitte) 35–45 Min. garen. Fruchtfleisch mit einer Gabel in der Schale zerfasern, salzen und pfeffern.

2 Inzwischen Zwiebel und Knoblauch schälen, klein würfeln und im übrigen Öl (2 EL) goldgelb andünsten. Hackfleisch zugeben, bei großer Hitze krümelig braun braten. Salz, Pfeffer, Tomatenmark und Gewürzmischung unterrühren, kurz miträsten. 5 EL Wasser untermengen, alles offen bei kleiner Hitze ca. 5 Min. garen. Inzwischen Koriander waschen, trocken schütteln, Blätter abzupfen, klein hacken. Frühlingszwiebeln waschen, putzen und samt Grün in feine Ringe schneiden. Unter das Hackfleisch rühren, alles auf dem Kürbisfleisch verteilen und behutsam vermengen. Saure Sahne salzen, pfeffern und darüberträufeln. Mit Koriander bestreuen.

Für 4 Personen • 45 Min. Zubereitung • Pro Portion ca. 340 kcal, 17 g E, 21 g F, 23 g KH

KÜRBIS-GARNELEN-CURRY

THAILÄNDISCH

300 g rohe TK-Garnelen (küchenfertig, ohne Kopf und Schale)
200 g grüne (Prinzess-)Bohnen
Salz
450 g Hubbard-Kürbis (ersatzweise grüner Hokkaido-Kürbis)
100 g Shiitake (Pilze)
3 Stängel Zitronengras
1 Dose Kokosmilch (400 g)
1 ½ TL grüne Thai-Currypaste
3 EL Fischsauce
4 Stängel Thai-Basilikum (Asienladen)
Zucker

TIPP
Für eine zusätzliche (süß-)saure Geschmacksnote das Curry gegen Garzeitende mit 2 EL frisch gepresstem Limettensaft abschmecken.

1 Garnelen antauen lassen. Bohnen waschen und putzen. Ausreichend Salzwasser in einem Topf aufkochen, die Bohnen darin bei mittlerer Hitze in ca. 10 Min. sehr bissfest garen. In ein Sieb abgießen, kalt abschrecken und abtropfen lassen. Inzwischen Kürbis schälen, putzen und das Fruchtfleisch in ca. 3 mm dicke und ca. 5 cm lange Stifte schneiden. Pilze mit einem Küchenpapier sauber abreiben, Stiele entfernen und die Hüte in ca. 0,5 cm breite Streifen schneiden. Zitronengras waschen, von den äußeren, harten Blättern befreien und die Stängel flach klopfen, z. B. mit einem Fleischklopfer.

2 Von der Kokosmilch 1–2 EL vom festen »Rahm« obenauf abnehmen. Mit der Currypaste in einem breiten Topf oder in einer beschichteten Pfanne unter ständigem Rühren bei großer Hitze anrösten, bis sich das Fett von der Würzpaste trennt. Dann mit der übrigen Kokosmilch und 75 ml Wasser ablöschen.

3 Zitronengras, Kürbis und Fischsauce unter die Kokosmilch-Mischung rühren und alles 8–10 Min. garen. Inzwischen das Thai-Basilikum waschen, trocken schütteln und die Blätter grob zerzupfen. Garnelen und Pilze zum Kürbis in den Topf geben, die Bohnen darauflegen. Alles weitere 8–10 Min. garen. Dann das Zitronengras entfernen und das Curry mit etwas Zucker abschmecken. Alles vorsichtig untereinanderheben, auf Tellern anrichten und mit dem Thai-Basilikum bestreuen.

Für 4 Personen • 35 Min. Zubereitung • 1 Std. Marinieren • 55. Min. Garen •
Pro Portion ca. 835 kcal, 55 g E, 53 g F, 36 g KH

HUHN MIT KÜRBIS VOM BLECH

FÜR GÄSTE

850 g Hokkaido-Kürbis
2 Stangen Lauch
2 Bio-Orangen
1 Bund Thymian
1 ½ TL körniger Senf
Chiliflocken
5 EL Olivenöl
Salz, Pfeffer
75 g Butter
4 Hähnchenkeulen (à ca. 350 g, vom Metzger im Gelenk teilen lassen)
¾ TL edelsüßes Paprikapulver

1 Kürbis waschen, vierteln und putzen. Mit Schale 5–6 cm groß würfeln, in eine Schüssel geben. Lauch waschen, putzen, in ca. 1 cm breite Ringe schneiden, dazugeben. 1 Orange heiß waschen, trocken tupfen, mit Schale quer halbieren und vier dünne Scheiben aus der Mitte schneiden, diese vierteln. Aus dem Rest und aus der zweiten Orange den Saft auspressen.

2 Thymian waschen, trocken schütteln, Blättchen abzupfen und die Hälfte davon grob hacken. 120 ml Orangensaft abmessen und mit Senf, Chiliflocken, Thymian und Öl mischen. Salzen, pfeffern und mit den Orangenstücken unter Kürbis und Lauch mengen. Abgedeckt ca. 1 Std. marinieren lassen.

3 Inzwischen den übrigen Thymian fein hacken und mithilfe einer Gabel mit 50 g Butter vermengen. Die Hähnchenkeulen trocken tupfen, mit einem Finger zwischen Haut und Fleisch fahren und die Thymian-Butter unter der Haut verteilen. Die übrige Butter schmelzen und das Paprikapulver mit einem Backpinsel unterrühren. Die Keulen ringsum mit der Paprika-Butter bepinseln, salzen und pfeffern.

4 Den Backofen auf 220° vorheizen. Die Keulen mit der Hautseite nach oben auf ein tiefes Blech (Fettpfanne) legen und im heißen Ofen (Mitte) ca. 15 Min. garen. Herausnehmen, Temperatur auf 180° reduzieren und die Keulen vom Blech nehmen. Den Kürbis samt Marinade auf dem Blech verteilen. Die Keulen darauflegen und alles 30–40 Min. garen, dabei das Gemüse ein- bis zweimal durchrühren.

Für 4 Personen • 45 Min. Zubereitung • 45 Min. Ruhen • 35 Min. Backen • Pro Portion ca. 830 kcal, 20 g E, 43 g F, 95 g KH

KÜRBIS-FLAMMKUCHEN

HERZHAFT

FÜR DEN TEIG

270 g Weizenmehl
130 g Roggenmehl
Salz
1 Pck. Trockenhefe
1 EL Olivenöl

FÜR DEN BELAG

1 Bund Frühlingszwiebeln
2 EL Olivenöl
600 g Hokkaido-Kürbis
200 g Crème fraîche
100 g saure Sahne
Salz, Pfeffer
Chiliflocken
120 g Tiroler Speck in Scheiben

AUSSERDEM

Mehl für die Arbeitsfläche

TAUSCH-TIPP
Tiroler Speck passt mit seiner besonderen Würze und dem rauchigen Aroma perfekt zu diesem Rezept. Alternativ bietet sich Parmaschinken an, der aber deutlich milder schmeckt.

TEIG: Beide Mehlsorten mit 1 TL Salz und Hefe mischen. 125 ml lauwarmes Wasser und das Öl zugeben. Mit den Knethaken des Handrührgeräts auf niedrigster Stufe ca. 5 Min. kneten, bis sich alle Zutaten verbinden. Dann auf höchster Stufe weitere 5 Min. zu einem elastischen Teig kneten. Den Teig in eine Schüssel geben und zugedeckt an einem warmen Ort ca. 45 Min. gehen lassen.

BELAG: Inzwischen Frühlingszwiebeln waschen und putzen. Den weißen Teil jeweils in feine, den grünen Teil in dickere Ringe schneiden. Öl in einer beschichteten Pfanne erhitzen, weiße Zwiebelringe darin bei mittlerer Hitze goldgelb dünsten, vom Herd nehmen. Kürbis waschen, putzen und mit dem Gemüsehobel in feine, längliche Streifen hobeln. Crème fraîche und saure Sahne glatt rühren, salzen und pfeffern.

FERTIGSTELLEN: Den Backofen auf 225° vorheizen und zwei Bleche mit Backpapier auslegen. Den Teig vierteln und auf einer bemehlten Arbeitsfläche zu vier länglichen, dünnen Fladen (ca. 18 × 26 cm) ausrollen. Jeweils zwei davon nebeneinander auf ein Blech legen und bis zum Rand mit der Crème-fraîche-Mischung bestreichen. Zuerst die gedünsteten Zwiebelringe, dann die Kürbisstreifen darauf verteilen und diese mit Salz, Pfeffer und Chiliflocken würzen. Jeweils zwei Flammkuchen im heißen Ofen (unten) in 15–17 Min. knusprig braun backen. Dann herausnehmen, mit Tiroler Speck belegen und das Frühlingszwiebelgrün darüberstreuen. Die beiden anderen Flammkuchen auf die gleiche Weise fertigstellen.

Für 4 Personen • 45 Min. Zubereitung • 1 Std. Ruhen • 55 Min. Garen •
Pro Portion ca. 890 kcal, 30 g E, 36 g F, 116 g KH

KÜRBIS-PIZZA

GUT VORZUBEREITEN

FÜR DEN TEIG
500 g Mehl
Salz
½ Pck. Trockenhefe (ca. 4 g)
2 EL Olivenöl

FÜR DEN BELAG
700 g Hokkaido-Kürbis
2 rote Zwiebeln
1 Knoblauchzehe
3 EL Olivenöl
Salz, Pfeffer
200 g passierte Tomaten
100 g Räucherspeck in Scheiben
20 Blätter Salbei
180 g Gorgonzola (ersatzweise Bergkäse)

AUSSERDEM
Mehl für die Arbeitsfläche

GUT ZU WISSEN
So ist der Teig länger verwendbar: nur ca. 30 Min. gehen lassen, bis zu 24 Std. kühl stellen und ca. 1 Std. Zimmertemperatur annehmen lassen.

TEIG: Mehl, 1 leicht gehäuften TL Salz und Hefe vermischen. 300 ml lauwarmes Wasser und das Öl zugießen. Mit den Knethaken des Handrührgeräts auf niedrigster Stufe ca. 5 Min. kneten, bis sich alle Zutaten verbunden haben. Dann auf höchster Stufe ca. 5 Min. zu einem elastischen Teig kneten. Den Teig in eine Schüssel geben und zugedeckt an einem warmen Ort ca. 1 Std. gehen lassen.

BELAG: Backofen auf 220° vorheizen. Den Kürbis waschen, putzen und mitsamt Schale nach Wunsch ca. 1,5 cm groß würfeln oder in schmale Spalten schneiden. Zwiebeln schälen, längs in schmale Spalten schneiden. Knoblauch schälen, fein hacken. Alles mit dem Öl in einer ofenfesten Form vermischen, salzen und pfeffern. Im heißen Ofen (Mitte) 20–25 Min. garen. Inzwischen Tomaten mit Salz und Pfeffer würzen, Speck in Streifen schneiden und Salbeiblätter sauber abreiben.

FERTIGSTELLEN: Backofen auf 250° vorheizen, zwei Bleche mit Backpapier auslegen. Teig auf einer bemehlten Arbeitsfläche durchkneten, vierteln und jedes Viertel zu einer rundlichen Pizza ausrollen, dabei einen etwas dickeren Rand formen. Jeweils zwei Pizzaböden auf ein Blech legen und mit dem Tomatenpüree bestreichen, leicht salzen und pfeffern. Die Kürbis-Zwiebel-Mischung darauf verteilen, mit Speck und Salbei belegen. Gorgonzola in Flöckchen daraufgeben, ersatzweise Bergkäse grob reiben und darauf verteilen. Die Pizzas nacheinander im heißen Ofen (Mitte) in jeweils 12–15 Min. knusprig braun backen.

SÜSSES & GEBÄCK

Für 4 Dessertgläser (à ca. 160 ml) • 30 Min. Zubereitung • 40 Min. Garen • 2 Std. Kühlen • Pro Portion ca. 570 kcal, 8 g E, 40 g F, 43 g KH

KÜRBIS-ZITRUS-MOUSSE

FÜR HALLOWEEN

450 g Halloween-Kürbis (ersatzweise Muskat-Kürbis)
2 Bio-Orangen
1 Bio-Zitrone
2 Sternanis
½ Vanilleschote
4 Blatt weiße Gelatine
2 ganz frische Eiweiß (M)
Salz
100 g Zucker
500 g Sahne
2 Pck. Sahnefestiger

AUSSERDEM

Spritzbeutel mit Lochtülle

DEKO-TIPP

Die Mousse zuletzt mit etwas Orangenabrieb oder -zesten bestreuen. An Halloween statt der kleinen Sahnetuffs jeweils einen großen Tuff auf die Kürbis-Mousse geben und diesen mit zwei Schokotröpfchen als Augen in ein »Halloween-Gespenst« verwandeln.

1 Kürbis schälen, putzen, ca. 1,5 cm groß würfeln und in einen Topf geben. Orangen und Zitrone heiß waschen. Von ½ Orange und ½ Zitrone die Schalen dünn abziehen. Saft von allen Zitrusfrüchten auspressen. Zwei Drittel des Safts, Schalen und Sternanis zum Kürbis geben. Vanilleschote längs aufschneiden, Mark herauskratzen und samt Schote zugeben. Alles aufkochen und zugedeckt bei kleiner Hitze in 30–40 Min. weich köcheln. Wird die Mischung dabei zu trocken, etwas Zitrussaft zugießen.

2 Inzwischen Gelatine nach Packungsanweisung in kaltem Wasser einweichen. Eiweiße und 1 Prise Salz mit den Rührbesen des Handrührgeräts steif schlagen, 1 EL Zucker zugeben und ca. 1 Min. weiterrühren. In einer zweiten Schüssel Sahne, 2 EL Zucker und Sahnefestiger nach Packungsanweisung steif schlagen. Eischnee und Sahne kühl stellen.

3 Zitrusschalen, Sternanis und Vanilleschote aus der Kürbismischung nehmen. Die Hälfte der Zitrusschalen klein schneiden, mit übrigem Zitrussaft und übrigem Zucker zum Kürbis geben. Alles fein pürieren. Die Gelatine tropfnass unter das heiße Püree rühren, bis sie sich aufgelöst hat.

4 Das Püree kühl stellen. Beginnt die Masse zu gelieren, den Eischnee und die Hälfte der Sahne behutsam unterrühren. Dann die Mousse in 4 Dessertgläser füllen, mit Frischhaltefolie abdecken und im Kühlschrank in ca. 2 Std. fest werden lassen. Vor dem Servieren die übrige Sahne in einen Spritzbeutel füllen und kleine Tuffs auf die Mousse spritzen.

Für 4 Personen (ca. 12 Stück) • 25 Min. Zubereitung • 15 Min. Ruhen •
Pro Stück ca. 375 kcal, 7 g E, 17 g F, 46 g KH

KÜRBIS-PANCAKES

FÜR KINDER

150 g Mehl
1 TL Backpulver
½ TL Zimtpulver
1 Ei (M)
3 EL brauner Zucker
1 EL Rum (nach Belieben)
150 g Kürbispüree (Bioladen oder selbst gemacht)
150 ml Milch
25 g Butter
Butterschmalz zum Braten

1 Mehl, Backpulver und Zimt mischen. Ei, Zucker und Rum mit dem Schneebesen verquirlen, bis sich der Zucker aufgelöst hat. Das Kürbispüree und 125 ml Milch unterrühren. Butter schmelzen und bräunen lassen, unter die Kürbismischung rühren. Mehlmischung zugeben und alles glatt rühren, ca. 15 Min. quellen lassen.

2 Der Teig sollte dick und zähflüssig sein, bei Bedarf übrige Milch unterrühren. Reichlich Butterschmalz in einer beschichteten Pfanne erhitzen. Pro Pancake gut 2 EL Teig hineingeben zu kleinen Pfannkuchen (ca. 10 cm ∅) ausstreichen. Bei mittlerer Hitze braten, bis die Oberfläche fest ist und Luftlöcher zeigt. Dann wenden und in weiteren 1–2 Min. goldbraun backen. Auf die gleiche Weise den gesamten Teig verarbeiten. Fertige Pancakes nach Wunsch bei 90° im Backofen warm halten. Dazu passt Ahornsirup zum Beträufeln oder eine Zimt-Zucker-Mischung zum Bestreuen.

Für 4 Personen • 30 Min. Zubereitung • 35 Min. Ruhen • 40 Min. Backen • Pro Portion ca. 735 kcal, 17 g E, 36 g F, 77 g KH

KÜRBIS-BROTAUFLAUF

EINFACH

250 g Baguette vom Vortag
350 g Hokkaido-Kürbis
250 ml Milch
200 g Sahne
4 Eier (M)
4 EL Zucker
1 TL Zimtpulver
2 Äpfel (z. B. Boskop, ca. 300 g)
50 g Butter
50 g Amarettini (italienisches Mandelgebäck)

1 Baguette in 2,5–3 cm große Würfel schneiden. Kürbis schälen, putzen, Fruchtfleisch in ca. 2 cm lange und ca. 3 mm dicke Stücke schneiden. Milch, Sahne, Eier, Zucker und Zimt mit einem Schneebesen verquirlen. Äpfel schälen, vierteln, Kerngehäuse entfernen und die Viertel in schmale Spalten schneiden.

2 Eine Auflaufform (ca. 20 × 20 cm) mit etwas Butter fetten. Amarettini in einen Gefrierbeutel geben, mit einem Nudelholz grob zerbröseln. Mit ca. zwei Dritteln der Brotwürfel, den Kürbis- und Apfelstücken mischen. In die Form geben, übrige Brotwürfel darüberstreuen. Eier-Milch-Mischung darübergießen und ca. 30 Min. ziehen lassen.

3 Backofen auf 180° vorheizen. Die übrige Butter in Flöckchen schneiden und auf dem Auflauf verteilen. Im heißen Ofen (Mitte) in 35–40 Min. goldbraun backen. Dann ca. 5 Min. ruhen lassen und warm servieren. Dazu passt kalte Vanillesauce oder -eis.

Für 1 Tarteform (28 cm ∅, 12 Stücke) • 30 Min. Zubereitung • 30 Min. Ruhen • 1 Std. Backen • Pro Stück ca. 380 kcal, 6 g E, 21 g F, 42 g KH

PUMPKIN-PIE

AUS DEN USA

FÜR DEN TEIG

200 g Mehl
Salz
120 g kalte Butter

FÜR DIE FÜLLUNG

2 Eier (M)
1 Eigelb (M)
100 g brauner Zucker
450 g Kürbispüree (Bioladen oder selbst gemacht)
400 g gezuckerte Kondensmilch (aus der Dose)
1 TL Zimtpulver
1 ½ TL Lebkuchengewürz

AUSSERDEM

Butter für die Form
Mehl für die Arbeitsfläche

GEWÜRZ-TIPP
Statt Lebkuchengewürz und Zimt: Für ein Original Pumpkin-Pie-Gewürz je 1 TL Zimt- und Ingwerpulver sowie je ¼ TL gemahlene Nelken und gemahlene Muskatblüte vermischen.

TEIG: Das Mehl und ¼ TL Salz auf einer Arbeitsfläche grob mischen. Die Butter in Stücke schneiden und mit einem großen Messer unter das Mehl hacken. 6 EL (eis-)kaltes Wasser zugeben und alles zügig mit den Händen zu groben Bröseln zerreiben. Diese sanft und mit wenig Druck zu einem Teig zusammenfügen (er darf noch bröselig sein und kleine Butterstückchen enthalten). Den Teig zu einer Kugel formen, in Frischhaltefolie wickeln und ca. 30 Min. kühl stellen.

FÜLLUNG: Inzwischen die Eier, das Eigelb und den Zucker mit einem Schneebesen verrühren, bis sich der Zucker fast aufgelöst hat. Dann das Kürbispüree, die Kondensmilch, Zimt und Lebkuchengewürz unterrühren.

FERTIGSTELLEN: Backofen auf 220° vorheizen. Eine Tarteform mit etwas Butter fetten. Den Teig auf einer bemehlten Arbeitsfläche mit den Händen leicht flach und rund drücken, dann mit dem Nudelholz auf Formgröße ausrollen. Den Teig in die Form legen und dabei einen Rand formen. Teigboden mehrfach mit einer Gabel einstechen und die Füllung daraufgeben. Den Pie im heißen Ofen (Mitte) ca. 15 Min. backen, dann die Backtemperatur auf 180° reduzieren. Den Kuchen weitere 35–45 Min. backen, bis er in der Mitte gerade fest geworden ist. Auf einem Kuchengitter auskühlen lassen und aus der Form nehmen. Der Pie schmeckt lauwarm (lecker mit Vanilleeis!) und kalt.

Für 1 Springform (26 cm ∅, 12 Stücke) • 30 Min. Zubereitung • 45 Min. Backen •
Pro Stück ca. 310 kcal, 6 g E, 13 g F, 40 g KH

NUSSKUCHEN MIT KÜRBIS

GELINGT LEICHT

350 g Butternuss-Kürbis
½ Bio-Zitrone
Butter für die Form
3 EL Mehl
5 Eier (M)
Salz
350 g Puderzucker
3 EL Amaretto (Mandellikör, nach Belieben)
60 g Zwieback
½ TL Backpulver
200 g gemahlene Haselnusskerne

DAZU PASST
Statt dem Zuckerguss passt auch ein Frischkäse-Topping: Dazu 150 g weiche Butter mit den Rührbesen des Handrührgeräts cremig rühren. Nach und nach 300 g Doppelrahmfrischkäse und 600 g Puderzucker unterrühren. Mit 2–3 EL Zitronensaft und dem Schalenabrieb von ½ Zitrone abschmecken.

1 Kürbis schälen, putzen, 250 g Fruchtfleisch abwiegen und auf einer Gemüsereibe fein raspeln. Zitrone heiß waschen, trocken tupfen, Schale fein abreiben, Saft auspressen und beiseitestellen. Schalenabrieb mit dem Kürbis vermischen.

2 Den Backofen auf 180° vorheizen. Eine Springform mit etwas Butter fetten und mit 1 EL Mehl ausstäuben. Die Form herumdrehen und überschüssiges Mehl abklopfen. Die Eier trennen, Eiweiße mit 1 Prise Salz mit den Rührbesen des Handrührgeräts zu steifem Eischnee schlagen. Eigelbe und 150 g Puderzucker in einer größeren Schüssel mit den Rührbesen des Handrührgeräts zu einer hell-cremigen Masse rühren. Nach Belieben Amaretto untermengen.

3 Zwieback im Blitzhacker fein zerbröseln, mit übrigem Mehl (2 EL), Backpulver und Haselnüssen mischen. Die Hälfte Eischnee auf die Eigelbcreme in der Schüssel geben, darauf zuerst die Hälfte der Zwiebackmischung, dann die Hälfte Kürbis geben. In derselben Reihenfolge den Rest daraufgeben. Dann alles mit einem Teigschaber oder einem großen Löffel vorsichtig, aber gründlich vermischen.

4 Den Teig in die Springform füllen, glatt streichen und im heißen Ofen (Mitte) in 40–45 Min. goldbraun backen. Wird der Kuchen zu dunkel, gegen Garzeitende mit Backpapier abdecken. Dann abkühlen lassen und aus der Form lösen. Den übrigen Puderzucker (200 g) mit 3–4 EL Zitronensaft glatt rühren und den Kuchen damit überziehen.

GU **CLOU**

Keinen Blitzhacker im Haus, um den Zwieback zu zerbröseln? Dann einfach den Zwieback in einen Gefrierbeutel geben, verschließen und mithilfe eines Nudelholzes oder einer schweren Flasche zu Bröseln zerkleinern.

KÜRBISBRÖTCHEN

ZUM BRUNCH

Für 12 Stück • 40 Min. Zubereitung • 1 Std. 30 Min. Ruhen • 15 Min. Backen • Pro Stück ca. 290 kcal, 7 g E, 11 g F, 40 g KH

150 ml Milch
½ Würfel Hefe (ca. 21 g)
2 ½ EL Zucker
600 g Mehl
Salz
250 g Kürbispüree (Bioladen oder selbst gemacht)
70 g Butter
¼ TL gemahlene Kurkuma
½ TL Zimtpulver
12 Kürbiskerne

AUSSERDEM
Küchengarn
Mehl für die Arbeitsfläche

GUT ZU WISSEN
Selbst gemachtes Kürbispüree ist immer erste Wahl. Und wo gibt es fertiges Kürbispüree zu kaufen? Einige Bioläden führen den Newcomer schon im Sortiment. Ansonsten können Sie gerade bei kleineren Mengen auch auf (ungesüßte) Babynahrung zurückgreifen.

1 Die Milch lauwarm erhitzen. Hefe und 1 TL Zucker unterrühren, an einem warmen Ort ca. 15 Min. zugedeckt gehen lassen. Inzwischen Mehl, ½ TL Salz und den übrigen Zucker mischen. Kürbispüree erwärmen und die Butter darin schmelzen. Kurkuma und Zimt unterrühren, lauwarm abkühlen lassen.

2 Kürbispüree und Hefeansatz zur Mehlmischung geben. Mit den Knethaken des Handrührgeräts auf kleiner Stufe ca. 6 Min. kneten, bis sich die Zutaten verbunden haben. Weitere 6 Min. auf höchster Stufe zu einem weich-samtigen Teig kneten. Zu einer Kugel formen und zugedeckt ca. 1 Std. gehen lassen. Inzwischen ein Blech mit Backpapier auslegen und 12 Küchengarnstücke à ca. 70 cm Länge zurechtschneiden.

3 Den Teig auf einer bemehlten Arbeitsfläche durchkneten und zu zwölf gleich großen Kugeln formen. Eine Kugel mittig auf ein Stück Küchengarn legen. Mit beiden Schnurenden über der Kugel ein Kreuz bilden und das Teigstück umdrehen (wie beim Verschnüren eines Päckchens). Den Teig mithilfe des Garns in acht etwa gleich große Segmente unterteilen, dabei nicht zu fest schnüren. Zuletzt das Garn oben mittig verknoten. Auf die gleiche Weise 12 »Teigkürbisse« formen. Ein Blech mit Backpapier auslegen, die Teiglinge daraufsetzen und ca. 15 Min. an einem warmen Ort gehen lassen.

4 Inzwischen den Backofen auf 200° vorheizen. Jeweils 1 Kürbiskern in die Mitte der Teiglinge stecken. Die Brötchen im heißen Ofen (Mitte) in ca. 15 Min. goldgelb backen. Abkühlen lassen und das Garn entfernen.

REGISTER

Vegetarische Rezepte, die im Buch mit einem gekennzeichnet sind, sind hier grün abgesetzt.

Abkürzungsverzeichnis:
E = Eiweiß
EL = Esslöffel (gestrichen)
F = Fett
kcal = Kilokalorien
KH = Kohlenhydrate
Pck. = Päckchen
TK = Tiefkühl
TL = Teelöffel (gestrichen)
Ø = Durchmesser

Projektleitung: Elke Sieferer
Lektorat: Julia Genazino
Korrektorat: Adriane Andreas
Gesamtgestaltung: independent Medien-Design, München: Horst Moser (Artdirection), Lucie Heselich, Svenja Wamser
Herstellung: Anna Bäumner
Satz: Kösel, Krugzell
Reproduktion: Repro Ludwig, Zell am See
Druck und Bindung: Firmengruppe APPL, aprinta druck, Wemding
Syndication: www.seasons.agency
Printed in Germany

4. Auflage 2021
ISBN 978-3-8338-6619-7

www.facebook.com/gu.verlag

GRÄFE UND UNZER
Ein Unternehmen der
GANSKE VERLAGSGRUPPE

DIE AUTORIN

Tanja Dusy ist freie Foodjournalistin in München. Sie orientiert sich bei ihrer Arbeit am Puls der Zeit und ist ein echter Profi beim Thema Ernährungstrends. Ihre Rezepte überzeugen durch Kreativität und Verlässlichkeit. Von ihr sind bei GU bereits zahlreiche erfolgreiche Kochbücher erschienen.

DIE FOTOGRAFIN

Coco Lang fotografiert Food und Stills in ihrem Werkstattstudio direkt am Münchner Viktualienmarkt. Zusammen mit **Sven Dittmann** (Foodstyling), **Miriam Geyer** (Props) und **Larissa Strachwitz** (Assistenz) hat sie die Kürbis-Rezepte gekonnt in Szene gesetzt.

BILDNACHWEIS

Coco Lang: S. 06–59 und Stepfotos auf den Klappen
Silvio Knezevic: S. 01, 05 und Stillleben auf den Klappen
Shutterstock: U3-1 und U3-4
Foodfoto Teubner, Füssen: U3-2, U3-3 und U3-5
Autorenfoto: PicturePeople, München
Coverfoto: Kathrin Koschitzki

TITELREZEPT

Kürbis-Pizza (S. 46)

Umwelthinweis:
Dieses Buch ist auf PEFC-zertifiziertem Papier aus nachhaltiger Waldwirtschaft gedruckt.

QUALITÄTS G|U GARANTIE

LIEBE LESERINNEN UND LESER,

wir wollen Ihnen mit diesem Buch Informationen und Anregungen geben, um Ihnen das Leben zu erleichtern oder Sie zu inspirieren, Neues auszuprobieren. Wir achten bei der Erstellung unserer Bücher auf Aktualität und stellen höchste Ansprüche an Inhalt und Gestaltung. Alle Anleitungen und Rezepte werden von unseren Autoren, jeweils Experten auf ihren Gebieten, gewissenhaft erstellt und von unseren Redakteur*innen mit größter Sorgfalt ausgewählt und geprüft.

Haben wir Ihre Erwartungen erfüllt? Sind Sie mit diesem Buch und seinen Inhalten zufrieden? Wir freuen uns auf Ihre Rückmeldung. Und wir freuen uns, wenn Sie diesen Titel weiterempfehlen, in Ihrem Freundeskreis oder bei Ihrem Online-Kauf.

Sollten wir Ihre Erwartungen so gar nicht erfüllt haben, tauschen wir Ihnen Ihr Buch jederzeit gegen ein gleichwertiges zum gleichen oder ähnlichen Thema um.

KONTAKT ZUM LESERSERVICE

GRÄFE UND UNZER VERLAG
Grillparzerstraße 12
81675 München
www.gu.de

APPETIT AUF MEHR?

ISBN 978-3-8338-6616-6

ISBN 978-3-8338-7983-8

ISBN 978-3-8338-7541-0

ISBN 978-3-8338-7138-2

ISBN 978-3-8338-6623-4

ISBN 978-3-8338-7076-7

Alle hier vorgestellten Bücher sind auch als eBook erhältlich.

GU

Mehr von GU auf **www.gu.de** und **facebook.com/gu.verlag**

DIE »GU KOCHEN PLUS«-APP

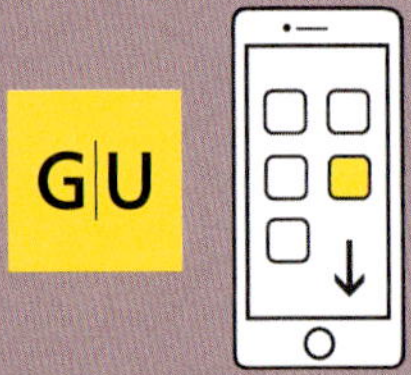

1 APP HERUNTERLADEN

Laden Sie die kostenlose »GU Kochen Plus«-App im Apple App Store oder im Google Play Store auf Ihr Smartphone. Starten Sie die App und wählen Sie Ihren Küchenratgeber aus.

2 REZEPTBILD SCANNEN

Scannen Sie das gewünschte Rezeptbild mit der Kamera Ihres Smartphones. Klicken Sie im Display die Funktion Ihrer Wahl.

3 FUNKTIONEN NUTZEN

Sammeln Sie Ihre Lieblingsrezepte. Speichern und verschicken Sie Ihre Einkaufslisten. Oder nutzen Sie den praktischen Supermarkt-Finder und den Rezept-Planer.

DIE PERFEKTE KOMBI

Ingwer, Chilis, Knoblauch, Curry, Kreuzkümmel

WÜRZIG & PIKANT

Damit manch milder Kürbis nicht fade schmeckt, kann er ruhig intensive (Ge-)Würze vertragen – auch mal richtig scharfe!

Apfel, Honig, Amarettini, Vanille, Zimt, Ahornsirup

SÜSS & LIEBLICH

Nicht nur in Desserts kommt raffiniert gesüßtes Kürbisfleisch groß raus: Auch für pikante Gerichte passt oft eine Prise Zimt oder ein Löffel Honig.

Orange, Kaffir-Limettenblätter, Zitrone, Zitronengras, Limette, Essig

SAUER & ZITRUSFRISCH

Da Kürbisfleisch oft leicht süßlich schmeckt, darf man ihm zum Ausgleich auch gerne mal Saures geben.

ÖFFNEN

SO GEHT'S: KÜRBISPÜREE

IMMER IM HAUS:
Preiswert und besser als gekauftes, lässt sich Kürbispüree leicht selbst machen – am besten mit Hokkaido oder Butternuss. Das Püree ist für den Kürbis-Vorrat außerhalb der Saison perfekt geeignet. Gemessen am Gesamtgewicht des Kürbisses erhält man ca. zwei Drittel Püree.

VORBEREITEN:
Den Backofen auf 200° vorheizen und ein Blech mit Backpapier auslegen. Den Kürbis längs halbieren und entkernen. Die Kürbishälften mit den Schnittflächen nach oben auf das Blech legen. Das Fruchtfleisch dünn mit Sonnenblumen- oder Olivenöl bepinseln.

BACKEN:
Die Kürbishälften im heißen Ofen (Mitte) je nach Größe 60–75 Min. garen. Für eine Garprobe das Fruchtfleisch mit einem spitzen Messer einstechen: Es sollte butterweich sein. Dann die Kürbishälften aus dem Backofen nehmen und abkühlen lassen.

VERARBEITEN:
Das Fruchtfleisch mit einem Esslöffel aus der Schale kratzen und mit einem Pürierstab fein pürieren – fertig ist das Kürbispüree. Im Kühlschrank lässt es sich luftdicht verschlossen ca. 4 Tage aufbewahren. Für den Vorrat portionsweise einfrieren und bei Bedarf auftauen.